AF558940

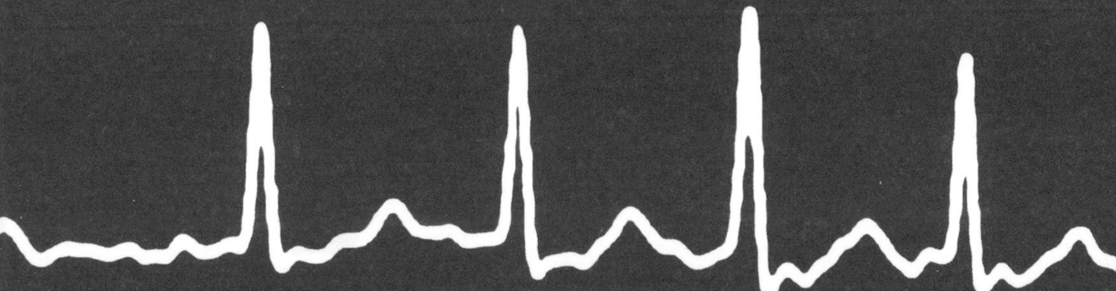

Mahler

IN ZUKUNFT WERDEN WIR ALLE

AUSSEHEN!

edition moderne

Mahler in der Edition Moderne:

- Das Unbehagen
- Der Urknall
- Die Herrenwitzvariationen
- Die Smalltalk-Hölle
- Flaschko
- Mein Therapeut ist ein Psycho!
- Planet Kratochvil
- Was fehlt uns denn?

ISBN 978-3-03731-159-2

Edition Moderne / Eglistrasse 8
CH-8004 Zürich
www.editionmoderne.ch
Gestaltung: Nicolas Mahler
Herstellung: Julia Marti
Druck: Finidr, Český Těšín, Tschechien
Der Verlag bbb Edition Moderne
wird vom Bundesamt für Kultur
mit einem Strukturbeitrag
für die Jahre 2016-2020 unterstützt.

Weisst du, als wir jung waren, hatten wir NICHTS!
Sagen des klassischen Altertums.
HUGO BOSS
mahler

ALTERSHEIM ZUR BLANKEN WAHRHEIT

LICHT
am Ende des Tunnels
Designer-
lampen
für alte
Menschen!

Ich hab mich noch
nie so jung gefühlt,
Lotte.

Das ist
Altersblödsinn,
Ernstl.

mahler

Ü70 CLUBBING

mahler

DIE ALTE ZAHNFEE

Früher war alles
besser.
Schade, dass ich
mich an diese Zeit
nicht mehr erinnern
kann.
mahler

die jugend
verfliegt
und landet
im seniorentreff

REIFE LYRIK

Gasthaus
zum Herbst des Lebens
IM WINTER GESCHLOSSEN
mahler

OH NEIN !!!
AC/DC machen jetzt auch
schon auf SCHLAGER!

Ich habe Freude an NICHTS.
Klingt nach einem günstigen Vergnügen.
mahler

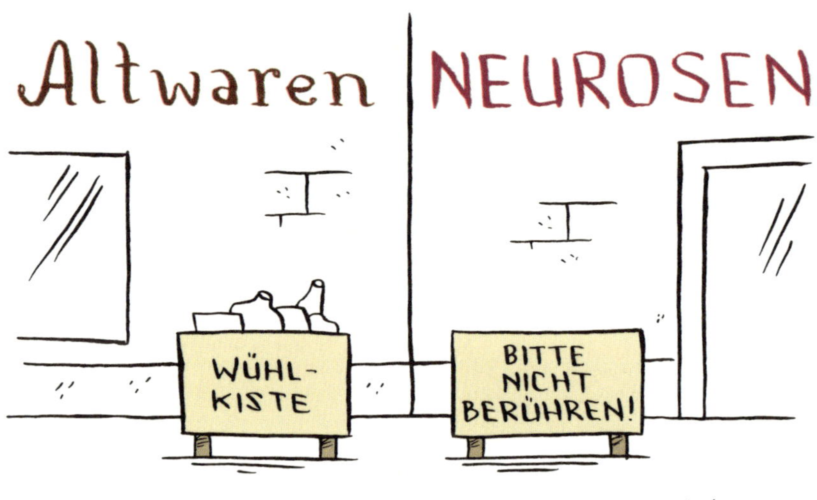
Altwaren
NEUROSEN
WÜHL-
KISTE
BITTE
NICHT
BERÜHREN!
mahler

theater
11 Uhr
SENIORENMATINEE
• besonders deutlich gesprochen
• 4-5 Klo-pausen
• bekleidete Schauspieler
mahler

KATZE
ENTLAUFEN
SELBST-
FINDUNGS-
SEMINAR
mahler

Du rauchst Pfeife, Oma? COOL!
Das ist ein künstlicher Darmeingang, Maxl.
mahler

"Darmspieglein, Darmspieglein an der Wand... Wer ist die Gesündeste im ganzen Land?"

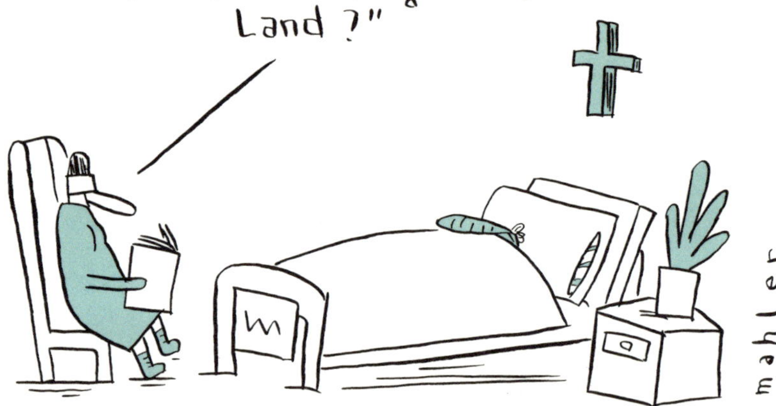

aus: SCHNEEWITTCHENS GESUNDEN-UNTERSUCHUNG

MEINE
BRIEFMARKENSAMMLUNG
XXX
AB 18!
mahler

Sie haben die Prothesen
der anderen Insassen
verbrannt, Kratochvil ?
SIE GEFALLEN MIR !

IM ANARCHISTISCHEN
ALTERSHEIM

Kaffee &
Kuchen
Die "MIT EINEM SCHUSS RUM" Tour
14 UHR
Kongreß-
zentrum
mahler

Meine Oma liebt die!
Abgefahren.

ÄGYPTISCHE MÜLLTRENNUNG

Gasthaus zum Orakel
Es wird Ihnen nicht schmecken.
mahler

Mein Mann denkt überhaupt nicht an den Ruhestand! Er arbeitet jetzt als GASTROSKOPIEKRITIKER!
mahler

INKONTINENZ-
FORSCHUNG
Dr. Tröpfelchen
mahler

Wahrscheinlich haben sie dich
NUR DESHALB
auf den Mond geschossen,
WEIL SIE DICH AUF DER BODENSTATION NICHT LÄNGER ERTRAGEN HABEN!!!

NEIL ARMSTRONG PRIVAT

one night only!
DIE ALTEN TENÖRE
Unglaublich, wieviel Lärm man im RUHESTAND machen kann.
mahler

Na, wie war's bei der FAMILIENAUFSTELLUNG?
Wir haben die ganze zeit um die besten Plätze gestritten!
mahler

U
LYS
SES
U... d... o...
Lindenberg?
LESEN, nicht RATEN.
mahler

TRAUMFORSCHUNGS-
INSTITUT
Wegen
Schlaf-
störungen
geschlossen
mahler

BEIM GEISTERHEILER

Sagt eine barbusige Altenbetreuerin zur andern…
…na auch egal, hab vergessen was die sagt …

DER GERIATRISCHE HERRENWITZ

PARTNER & TAUSCH
seit 1968
we're open
mahler

ALLES ÜBER MEINE FRAU
(ÜBERLÄNGE)
Wir hätten in der Menopause gehen sollen.
Kino 1
mahler

UND RECHTS...
UND LINKS...
UND RECHTS...
UND LINKS...
Ach so, das ist deine
GYMNASTIK-CD.
Ich dachte schon, das
Navigationssystem
spinnt!
mahler

DAS IST JA GAR KEIN FLUCH!
Das ist nur die
Rechnung des
Mumifizierers.
mahler

BLUTLABOR
Dr. Vlad Dracul
Ladies
gratis
!

DAS FACEBOOK DES DORIAN GRAY

HOTEL
Neu:
SENIORENFREI!

Den anderen Gästen
waren die BESCHWERDEN
einfach nicht mehr
zumutbar!
mahler

Sie sind ein Genie, Kratochvil! T-Shirts für Senioren!!! Das wird der Knüller!
bitte Leise
mahler

FITNESSCENTER
"zum Teilchenzerkleinerer"
mahler

SENIOREN-
REISEN
tolle
LAST
MINUTE-
Angebote!
mahler

Wie war's bei Doktor Schiwago?
Der Wartesaal war nicht beheizt.
mahler

Aus dem Traumprinzen ist auch nichts geworden.
Ich habe einen WETTERFROSCH geheiratet.
mahler

Mein Mann lebt nur für seine ARBEIT!
Was soll ICH sagen? Meiner ist ein HOBBYHOLIC!
mahler

DR. ZWECKLOS
Ordination geschlossen

Na, was macht das
VERGESSLICHKEITSSERUM ?
Das was ?
mahler

ALTE MEISTER

Wie war's bei der ICH-Analyse?

DU stellst Fragen!
mahler

Erlebnispark
FÜR ALTE LEUTE
pro Ticket
1 LIKÖR
gratis!
Das war echt LAHM.
mahler

IM ZEITREISEBÜRO

Was ist mit Opa
Los, Oma?
Der ist jetzt
im Standby-Modus.
mahler

GERONTOLOGIE DER ZUKUNFT

FRANKENSTEIN, DIE SPÄTEN JAHRE

Schau, ich habe alles bekommen,
was du gerne magst...
Sogar den QUIETSCHKNOCHEN!
Ich... bin... nicht
... WALDI!
mahler

ORTHOPÄDISCHES THEATER
Die SCHUH-EINLAGE am Schluss war super.
mahler

Wir danken dem
Edition Moderne Fanclub:

Christoph Asper, Gaby Basler-Bolle,
Michael Bischof, Thomas Eppinger,
Beat Fankhauser, Jürgen Grashorn,
Christian Greger, Wenzel Haller,
Beatrice Hauri & Werner Beck,
Reto Hochstrasser, Hans-Joachim Hoeft,
Stephan König, Claude Lengyel,
Marius Leutenegger, Leif Lindtner,
Juan Ortega, Christian Schmidt-Neumann,
Sequential Art Rostock, Hartwig Thomas,
Helena Wehrli, René Zigerlig.